CATALOGUE

DES LIVRES

De CH. ANT. JOMBERT, *Pere,*
Libraire du Roi, rue Dauphine,
Paris, 1771.

Δ2165

CATALOGUE

Des Livres du fonds de CHARLES-ANTOINE
JOMBERT, *Pere, Libraire du Roi pour l'Artillerie
& le Génie, rue Dauphine, proche le Pont-Neuf,
à l'Image Notre-Dame, à Paris,* 1771.

AVIS DU LIBRAIRE.

M. comme le renchériſſement des papiers & des reliûres
m'oblige d'augmenter en conſéquence le prix de pluſieurs
de mes Livres, vous êtes prié de n'avoir plus aucun égard au
prix des Catalogues précédens, & de vous régler dorefnavant
ſur le prix marqué ſur celui-ci.

LIVRES SUR L'ARCHITECTURE.

ARCHITECTURE Françoiſe, ou Deſcription des Maiſons
Royales & des plus beaux Edifices de Paris, avec des Diſ-
ſertations biſtoriques & critiques ſur chacun de ces monumens. Par M. Blondel, de l'Académie d'Architecture,
en quatre vol. *in-fol.* enrichis de 600 planches.

Ces quatre volumes, tirés ſur le grand raiſin, ſe vendent
chacun 75 livres: tirés ſur le nom de Jeſus, ils ſe vendent
100 liv. chacun. Le tome cinquieme contiendra la ſuite de
Verſailles, Marly, Trianon, Choiſy, Fontainebleau, &c.
& les autres Maiſons de plaiſance, comme Saint-Cloud,
Sceaux, Chantilly, &c.

*On vend ſéparément toutes les Planches de ce Recueil, par
ſuites de Maiſons & d'Hôtels, dont on trouve un Catalo-
gue détaillé chez le même Libraire.*

Les Délices de Paris & de ſes environs, ou Recueil de Vues
perſpectives des anciens monumens de Paris, & des
Maiſons de plaiſance ſituées aux environs de cette ville;
en 210 planches deſſinées & gravées par Perelle, *in-fol.*
grand papier,   50 liv.

Les Délices de Verſailles & des Maiſons royales, ou Recueil
de Vûes perſpectives des plus beaux endroits des Châteaux,
parcs, jardins, fontaines & boſquets de Verſailles, la Mé-

A

nagerie, Trianon, Marly, Meudon, Saint-Cloud, Fontainebleau, Chantilly, Sceaux, Maifons, &c. *in-fol.* grand
papier, avec 220 planches, 1765,　　　　　　　50 liv.
Architecture moderne, ou l'art de bien bâtir pour toutes
fortes de perfonnes; où il eft traité de la conftruction, des
Efcaliers, des devis, du toifé, des Us & coutumes, & de la
diftribution: nouvelle édition totalement changée & augmentée, par Ch. Ant. Jombert, en deux vol. *in-4°.* grand
papier, enrichis de plus de 150 planches, 1764, 42 liv.
Suite du même Ouvrage. De la décoration extérieure & intérieure des Edifices modernes, & de la diftribution des maifons de plaifance. Par J. Fr. Blondel, Architecte du Roi.
2 vol. *in-4°.* gr. pap. avec 150 planches,　　　　42 liv.
Deux difcours fur la néceffité de l'étude de l'Architecture, &
fur la maniere de l'étudier. Par M. Blondel, *in-12*, nouv.
édit. augmenté, 1771, broché.　　　　　　1 liv. 16 f.
Cours d'Architecture, qui comprend les Ordres de Vignole,
avec un commentaire, & des inftructions & préceptes fur
ce qui regarde l'art de bâtir. Nouvelle édition enrichie de
quantité d'exemples & de deffeins de toutes les parties de
l'Architecture. Par Auguftin-Charles d'Aviler, *in-4°.* grand
papier, avec 165 planches,　　　　　　　　25 liv.
Suite. Dictionnaire d'Architecture Civile & Hydraulique, où
l'on explique les termes de l'art de bâtir & de fes différentes
parties, comme la décoration extérieure & intérieure des
Edifices, le Jardinage, la Menuiferie, la Charpenterie, la
Serrurerie, la conftruction des Eclufes & des Canaux, &c,
par le même, *in-4°.* grand papier,　　　　　16 liv.
Architecture pratique, par Buller, *in-8°.* dern. édition,
augmentée confidérablement, 1768.
Regles des cinq Ordres d'Architecture. Par Jacques Barrozzie
de Vignole. Brochure *in-fol.* en 30 planches,　　3 liv.
Le même ouvrage *in-12*. relié en parchemin,　2 liv. 8 f.
Bibliotheque portative d'Architecture élémentaire, à l'ufage
des Artiftes, par Ch. Ant. Jombert, contenant les traités
fuivans, qui fe vendent féparément, favoir:
1° Regles des cinq Ordres d'Architecture, par *Jacques Bar-
rozzio de Vignole*, augmentées de plufieurs remarques &
d'éclairciffemens, avec 67 planc. *in-8°.* gr. pap. 7 l. 10 f.
4°. Architecture de *Palladio*, où il eft traité des cinq Ordres,
de la maniere de bien bâtir, & de la conftruction des che-
mins & des ponts, *in-8°.* gr. pap. avec 75 planc. 7 liv. 10 f.
3°. Œuvres d'Architecture de *Vincent Scamozzi*, contenant
les cinq Ordres fuivant cet Auteur, & plufieurs bâtimens
de fon invention, *in 8°.* gr. pap. avec 82 planc. 7 liv. 10 f.

4°. Parallele des principaux Auteurs qui ont écrit sur l'Architecture, par M. *de Chambray*. On y a joint les piédestaux pour chaque Ordre, & les proportions des cinq Ordres suivant MM. Perrault & Errard, *in-*8°. grand papier, avec 63 planches,   7 liv. 10 f.

Parallele de l'Architecture antique avec la moderne, suivant les dix principaux Auteurs qui ont écrit sur les cinq Ordres, par M. de Chambray, avec le discours gravé, augmenté des piédestaux pour chaque Ordre. *In-folio*, en 100 planches,   12 liv.

Traité des cinq Ordres d'Architecture, divisé en quatre parties, par M. *Potain*, Architecte du Roi. *premiere partie, qui contient* les proportions des cinq Ordres. *In-*4°. grand papier, avec 60 planches, 1768,   16 liv.

Maniere de bien bâtir pour toutes sortes de personnes, par M. Le Muet, *in-fol.* en 100 planches,   18 liv.

Maniere de dessiner les cinq Ordres d'Architecture & les parties qui en dépendent, suivant l'antique, par Abr. Bosse, *in-fol.* en plus de 100 planches,   24 liv.

La pratique du trait à preuves, de M. Desargues, pour la coupe des pierres en l'architecture, Par Abr. Bosse, *in-*8°. avec 117 planches, *broché*,   6 liv.

Nouveau Traité de la coupe des pierres, par M. de la Rue, Architecte du Roi. *in-fol.* grand papier, avec plus de 100 planches,   45 liv.

Traité de *Stéréotomie*, ou la Théorie & la Pratique de la coupe des pierres & des bois, à l'usage de la maçonnerie, de la menuiserie & de la charpenterie. Par M. Frezier, Ingénieur en chef à Landau. En trois volumes *in-*4°. avec 111 planches, nouv. édit. corrigée avec soin & augmentée, 1769,   45 liv.

Élémens de Stéréotomie, à l'usage de l'Architecture, ou Abrégé de la théorie & de la pratique de la coupe des pierres. Par le même Auteur, en deux volumes *in-*8°. avec 12 planches,   12 liv.

Dissertation critique sur les Ordres d'Architecture, par M. *Frezier*. Nouvelle édition augmentée de notes, 1769, *broché*,   4 liv. 10 f. en gr. pap. & 3 l. 10 f. en pap. ord.

La Théorie & la Pratique du Jardinage, où l'on traite à fond des Jardins de plaisance & de propreté, avec un Traité d'hydraulique convenable aux Jardins. Nouvelle édition augmentée, avec 49 planches, *in-*4°.   16 liv.

Traité physique de la culture & de la plantation des arbres, avec la maniere de les exploiter, de les débiter & de les échantillonner suivant les différens usages auxquels ils font propres. Par M. Roux, *in-12.*   3 liv.

L'Art de décorer les jardins modernes en Angleterre, ouvrage traduit de l'Anglois, *in 8°. fig.*   6 liv.

L'art de la Charpenterie de Mathurin Jouffe. Nouvelle édition, corrigée & augmentée de ce qu'il y a de plus curieux dans cet art, & des machines néceffaires à un Charpentier. Par M. de la Hire, *in-folio,*   15 liv.

Traité de Charpenterie & des bois de toutes efpeces ; avec un tarif géneral des bois de toutes fortes de longueurs & groffeurs, & un Dictionnaire des termes de charpenterie. Par M. Mefange. En deux vol. *in-8°.* avec 23 planch. 14 liv.

Traité de la coupe des bois pour le revêtement des voûtes, arriere-vouffures, trompes, rampes, & tours rondes. Par le fieur Blanchard, grand *in-4°.* avec 46 planches.

Tarif général du toifé des bois de charpente quarrés & méplats. Par M. Ginet, *in-8°.* 1760.

Nouveau Tarif du toifé de la maçonnerie, tant fuperficiel que folide, où l'on trouve les calculs tout faits fans mettre la main à la plume ; avec le toifé des bâtimens, fuivant la coutume de Paris, & le toifé du bout-avant. Par M. Mefange, *in-8°* 1746,   7 liv.

Détails des Ouvrages de Menuiferie pour les bâtimens, où l'on trouve les prix de chaque efpece d'ouvrage, avec les tarifs néceffaires pour le calcul de leur toifé. Par M. Potain pere, *in-8°.* 1749,   6 liv.

La Méchanique du feu, ou Traité de la conftruction de nouvelles cheminées qui échauffent davantage & font moins fujettes à la fumée. Par M. Gauger, *in-12.* avec 11 pl. 3 liv.

Le *Petit Marot,* ou Recueil de morceaux d'Architecture deffinés & gravés par JEAN MAROT, contenant les plans & élevations de divers anciens édifices de Paris, plufieurs petits Temples, dans le goût antique, de fa compofition ; l'ancienne fépulture des Valois à S. Denis, & diverfes fuites de tombeanx, épitaphes, chapelles, retables d'Autels, tabernacles, portes cocheres, & autres, *in-4°.* grand pap. en 222 planches, 1764,   18 liv.

Œuvres d'Architecture de Jean le Pautre, contenant des deffeins d'ornemens de toute efpece fuivant l'Antique, & divers exemples des différentes parties de l'Architecture qui font fufceptibles de décoration. En trois voiumes *in-fol.* petit format, contenant 781 planches,   90 liv.

Suite. Répertoire des Artiftes, ou Recueil de différentes compofitions d'Architecture & d'ornemens antiques & modernes de toute efpece qui ont rappoft aux Arts ; par *Marot,* *Loir, le Pautre, Androuet du Cerceau, Cottart, Pierretz,*

Cotelle, *le Roux*, *Berain*, &c. deux vol. *in-fol.* petit format, contenant 686 planches, 1764,   54 liv.

Plans, Élévations & Profils du Temple & des Palais de Salomon. Par M. Mallet, Consul à Smyrne ; en 22 planches, avec des figures de Seb. le Clerc,   6 liv.

Recherches sur la construction la plus avantageuse des Digues, Ouvrage qui a remporté le prix quadruple de l'Académie des Sciences de Toulouse, par MM. Bossut & Vialet, *in-4°.* avec 7 grandes planches, *broché*,   5 liv.

Théorie des Fleuves, avec l'art de bâtir dans leurs eaux & de prévenir leurs ravages, traduit de l'Allemand, *in-4°.* grand papier, avec 13 planches, *broché*,   6 liv.

Ouvrages de feu M. Belidor, Colonel d'Infanterie, des Académies des Sciences de France, d'Angleterre & de Prusse, &c.

Nouveau Cours de Mathématique à l'usage de l'Artillerie & du Génie, où l'on applique les parties les plus utiles de cette Science à la théorie & à la pratique des différens sujets qui peuvent avoir rapport à la guerre, *in-4°.* nouvelle édition, avec 34 planches,   15 liv.

Le même Ouvrage, en grand papier, se vend   24 liv.

La Science des Ingénieurs dans la conduite des travaux de fortification & d'architecture civile, *in-4°.* grand papier, avec plus de 50 planches,   15 liv.

Architecture Hydraulique. *Premiere Partie.* Qui contient l'art de conduire, d'élever & de ménager les eaux pour les différens besoins de la vie. En deux volumes *in-4°.* grand papier, avec 100 planches,   48 liv.

Architecture Hydraulique. *Seconde Partie.* Qui comprend l'art de diriger les eaux de la mer & des rivieres à l'avantage de la défense des places, du commerce & de l'agriculture. En deux volumes *in-4°.* grand papier, enrichis de 120 planches,   52 liv.

Œuvres diverses de M. Belidor, concernant le Génie & l'Artillerie, *in-8°.* avec 7 planches, 1764,   6 liv.

Dictionnaire portatif de l'Ingénieur & de l'Artilleur, composé originairement par M. *Belidor*, nouv. édit. refondue & augmentée du quadruple par *Ch. Ant. Jombert*, *in-8°.* 1768,   9 liv.

Ouvrages de feu M. l'Abbé Deidier, Professeur de Mathématiques aux Ecoles d'Artillerie de la Fere.

La Mesure des Surfaces & des Solides par la connoissance des centres de gravité, & par l'Arithmétique des infinis, *in-4°.* avec 17 planches,   15 liv.

Le Calcul différentiel & le Calcul intégral , expliqués & appliqués à la Géométrie, *in-4°*. avec 26 planches,   1 5 liv.

La Méchanique générale, pour servir d'introduction aux sciences physico mathématiques: qui renferme la statique, le jet des bombes, l'hydrostatique, l'airométrie, & l'hydraulique , *in-4°*. avec 29 planches,   1 5 liv.

Le Parfait Ingénieur François , ou la Fortification développée suivant les systêmes de M. de Vauban , & des autres Auteurs qui ont écrit sur cette science , avec l'attaque & la défense des Places. Nouvelle édition , augmentée du siege de Namur , en 1692 , & du siege de Lille , en 1708 , *in-4°* enrichi de 50 planches ,   1 5 liv.

Lettres d'un Mathématicien à un Abbé , où l'on prouve que la matiere n'est pas divisible à l'infini, *in-12*.   3 liv.

Lettre de M. de Mairan à Madame du Chatelet. Avec sa Dissertation sur les forces motrices des corps,& la nouvelle réfutation des forces vives,par M. l'Abbé Deidier, *in-12*. 3 L.

Traité de Perspective théorique & pratique , tiré des Elémens généraux des Mathématiques de M. *Deidier*, *in-quarto*. avec 15 pl. Nouv. édit. augm. de notes, broché. 6 liv.

N. B. Tous les ouvrages de M. Ozanam sont passés entre les mains de Claude-Antoine Jombert , fils , Libraire , rue Dauphine , auquel il faudra s'adresser dorefnavant.

Ouvrages de M. le BLOND, Maitre de Mathématique des Enfans de France , & Professeur de Mathématique des Pages du Roi.

L'Arithmétique & la Géométrie de l'Officier ; contenant la théorie & la pratique de ces deux sciences appliquées aux emplois de l'homme de guerre. En deux volumes *in-8°*. enrichis de 45 planches. Nouv. édit. corrigée & augmentée, 1767 ,   1 5 liv.

Abrégé de l'Arithmétique & de la Géométrie de l'Officier , *in-12*. avec 19 planches. Nouv. édit. 1767 ,   3 liv. 10 f.

Elémens d'algebre ou du calcul littéral , avec un précis de la méthode analytique appliquée à la réfolution des équations du premier & du fecond degré. Ouvrage pour fervir de fuite à la Géométrie de l'Officier , *in-8°*. 1768 ,   7 liv.

Elémens de Fortification,contenant la construction raisonnée de tous les ouvrages de la fortification; les systêmes des plus célebres Ingénieurs ; la fortification irréguliere. Cinquieme édition , augmentée de l'explication détaillée de la fortification de M. de Cœhorn ; de la construction des redoutes , forts de campagne , &c. & d'un Plan des différentes instructions propres à une Ecole Militaire, *in-8°*.

avec 37 planches, 1764,   7 liv. 10 f.

Abrégé des Elémens de Fortification, en un volume *in-12.* avec 19 planches, 6e édit. 1766 ,   3 liv. 10 f.

Elémens de la guerre des sieges, nouv. édition, augmentée du double, enrichie de plus de 50 Planches, & d'une Table des matieres fort ample à la fin de chaque Volume. En trois Volumes *in-8°.* 1762 ,   21 liv.

Chaque Volume se vend séparément : Savoir :

Artillerie raisonnée , contenant la description & l'usage des différentes bouches à feu ; avec les principaux moyens qu'on a employés pour les perfectionner. La théorie & la pratique des Mines , & du jet des Bombes ; & l'essentiel de tout ce que l'Artillerie a de plus intéressant depuis l'invention de la poudre à canon , *in-8°.* avec 30 planches,   7 liv.

Traité de l'Attaque des Places , selon la Méthode de M. de Vauban , *in-8°.* avec 13 planches,   7 liv.

Traité de la Défense des Places , avec un précis d'observations les plus utiles pour procéder à la visite ou à l'examen des Villes fortifiées ; un Abrégé des principes généraux qui peuvent servir à l'établissement des quartiers d'hiver ; &c. & un Dictionnaire des termes , *in-8°.* avec 5 pl. 7 liv.

Elémens de Tactique , où l'on traite de l'arrangement & de la formation des troupes, des évolutions de l'Infanterie & de la Cavalerie , des principaux ordres de bataille , de la marche des armées , & de la Castramétation , *in-4°.* avec 40 planches , 1758.   15 liv.

Essai sur la Castramétation , ou sur la maniere de former, de tracer , & de mesurer un camp , *in-8°.* Fig.   7 liv.

A R T   M I L I T A I R E.

Art de la Guerre , par principes & par regles ; ouvrage de M. le Maréchal de Puysegur, mis au jour par M. le Marquis de Puysegur son fils, Maréchal des Camps & Armées du Roi, *in-fol.* orné de vignettes , fleurons, & de 41 planch. 1748. Il se vend relié en un volume ,   60 liv.

—— Le même Ouvrage. Nouvelle édition. En deux volumes *in-4°.* avec 51 planches, 1749.   30 liv.

—— Extrait du même ouvrage, *in-12.* broché,   1 l. 4 f.

L'Art de la Guerre-pratique, où il est traité de tout ce qu'un Militaire doit savoir & pratiquer sur chaque partie de la guerre : le tout confirmé par des exemples tirés de l'histoire & de la vie des grands Capitaines, anciens & modernes. Par M. de Saint-Geniés , 1 vol. *in-12* ,   6 liv.

Mémoires Militaires sur les Grecs & les Romains, où l'on a fidelement rétabli, sur le texte de Polybe & des Tacti-

ciens Grecs & Latins, la plûpart des ordres de bataille, &
des grandes opérations de la guerre des Anciens. Par M.
Guifchardt. Enrichis de figures & de cartes: deux volumes
in-4°. reliés en un. *Amfterdam*, 1758.   18 liv.

——Le même Ouvrage en 2 vol. *in-8*. Lyon,   11 liv.

Recherches d'antiquités militaires, avec la défense du Chevalier de Folard, contre les allégations inférées dans les
Mémoires militaires de M. Guifchardt fur les Grecs & les
Romains. Par M. de Lo-Looz, Chevalier de l'Ordre militaire de Saint Louis. *In-4°*. avec figures,   12 liv.

Les Militaires au delà du Gange, par M. de Lo-Looz, en
deux vol. *in 8°*.   12 liv.

Mémoires de M. le Marquis de Feuquiere, lieutenant général
des armées du Roi, contenant fes maximes fur la guerre &
l'application des maximes aux exemples. Nouvelle édition.
En quatre volumes *in-12*. avec 12 planches.   12 liv.

Effai fur la Cavalerie, tant ancienne que moderne, avec les
inftructions & les nouvelles ordonnances qui y ont rapport; les exercices & les évolutions de la cavalerie; leur
utilité & leur emploi dans les batailles & dans les fieges;
l'état actuel des Troupes à cheval, en France, &c. par
M de Hauteville, *in-4°*. 1756.   15 liv.

Détails Militaires, par M. de Chenevieres, en 4 vol. *in-12*.
     16 liv.

——Idem, *Suite*. Tomes 5 & 6, *in-12*.   8 liv.

Politique militaire, ou Traité de la guerre, par M. Paul Hay
du Châtelet. Nouvelle édition, *in-12*. 1757.   2 liv. 10 f.

La Milice des Grecs, ou la Tactique d'Elien, ouvrage traduit
du grec, avec des notes & des figures, auquel on a joint
un Difcours fur la Phalange & fur la Milice des Grecs en
général, & une Differtation fur le Coin des Anciens. Par
M. Bouchaud de Buffy. En deux petits volumes *in-12*.
avec figures, 1757.   5 liv.

Mémoires fur la Guerre, tirés des Originaux de M. de Turenne, avec plufieurs Mémoires concernant les Hôpitaux
militaires, deux volumes *in-12*, reliés en un.

Mémoires des deux dernieres Campagnes du Maréchal de
Turenne, en Allemagne, & de ce qui s'eft paffé depuis
fa mort, fous le commandement du Comte de Lorge.
Nouvelle édition revue & corrigée. *in-12*.   2 liv. 10 f.

Hiftoire de la Milice Françoile, par le P. Daniel, en 2 vol.
in-4°. avec figures.

Effai fur la Tactique de l'Infanterie, *in-4°*. deux vol. reliés
en un, avec 18 planches.   18 liv.

Efprit de Tactique de M. le Maréchal de Saxe, *in-4°*. 2 vol.
reliés en un, avec beaucoup de figures.   18 liv.

Élémens de Tactique, &c. *Voyez* page 7.

Nouveau projet d'un Ordre François en Tactique, avec la suite du nouveau projet de tactique, par M. Menil-Durand, *in-4°.* avec figures. 15 liv.

Mémoires sur la Guerre, par le Maréchal de Saxe, *in-8°.* Dresde.

Mémoires Militaires du Comte de Forbin, en 2 vol. *in-12.* 6 liv.

Fonctions des Généraux d'Armée, par le Chevalier de Saint-Julien, *in-8°.* broché. 4 liv.

Réflexions Politiques & Militaires, de M. le Marquis de Santa-Cruz, en 12 vol. *in-12. Amsterdam.*

Pensées sur la Tactique & sur quelques autres parties de la guerre, par M. le Marquis de Silva, *in-8°.* avec 12 planches, 1768. 7 liv.

Le Parfait Capitaine, ou Abrégé des Guerres des commentaires de César, *in-12.* 3 liv.

Commentaire sur la retraite des dix mille de Xenophon, ou Nouveau Traité de la Guerre, par M. le Cointe, en 2 vol. *in-12.* 6 liv.

Annibal & Scipion, ou les grands Capitaines, avec les ordres & plans de batailles, *in-8. Amsterdam* 1768, broché.

L'Art de la Guerre, par M. de Quincy, en 2 vol. *in-12. sous presse.*

Histoire de Polybe, avec un Commentaire ou un corps de science militaire, enrichi de notes historiques & critiques. Par M. de Folard. En 7 vol. *in-4°.* avec fig. 96 liv.

Abrégé du même ouvrage, en trois volumes *in-4°.* fig. 45 liv.

L'Esprit du Chevalier Folard, *in-8°.* Fig. Amsterdam.

Relation du fameux Siege de Grave, en 1674, & du Siege de Mayence en 1689, avec le plan de ces deux villes, *in-12.* 3 liv.

Journal du siege de Berg-op-zoom. *In-8°.* avec figures, nouvelle édition, broché, 3 liv. 12 f.

Histoire Militaire du Regne de Louis XIV, par M. le Marquis de Quincy, en 8 vol. *in-4°.* avec figures, gr. pap.

Mémoires Historiques & Militaires de Messire de Chastenet, Seigneur de Puysegur, sous les regnes de Louis XIII & de Louis XIV, &c. avec des instructions militaires. En deux volumes *in-12.* 1748. 6 liv.

Mémoires d'Artillerie de M. Surirey de Saint-Rémi. Nouvelle édition beaucoup plus ample que toutes les précédentes; avec une table des matieres par ordre alphabétique. En 3 vol. *in-4°.* accompagnés de plus de 200 pl. 1745. 45 liv.

Théorie nouvelle sur le méchanisme de l'artillerie. Par M.

Dulacq, Officier d'Artillerie du Roi de Sardaigne, *in-4°.*
avec 40 planches,   15 liv.

Essai de l'application des forces centrales aux effets de la poudre à canon. Par M. Bigot de Morogues, Officier d'Artillerie ; *in-8°.* se vend broché 2 liv. & relié,   3 liv.

La Forge de Vulcain, par le Chevalier de Saint-Julien,
in 8°. Amsterdam, broché.   4 liv.

Nouveau Traité sur les Feux d'artifice ; par M. Frézier. Nouvelle édition, totalement changée & augmentée du double,
in-8°. avec 14 planches, 1747.   6 liv.

* Le même ouvrage en un vol. *in-4°.*   18 liv.

. Manuel de l'Artificier, où l'on donne la préparation & les
compositions de toutes les pieces qui entrent dans l'ordonnance d'un feu d'artifice, avec la maniere de faire les Feux
Chinois, suivant le P. d'Incarville, & les Feux Italiens
selon la méthode des sieurs Ruggieri, *in-12.* avec 12 pl. 3 h

L'Ingénieur de Campagne, ou Traité de la Fortification paf-
sagere. Par M. le Chevalier de Clairac, Brigadier des
Armées du Roi, Ingénieur en chef à Bergues, *in-4°.* enrichi de 36 planches. Seconde édition, 1757.   15 liv.

Le Parfait Ingénieur François *Voyez* ci-devant, page 6.

L'Ingénieur françois, contenant la Géometrie pratique, & la
fortification réguliere & irréguliere. Par M. Naudin, Ingénieur du Roi, *in-8°.* avec figures.

De l'attaque des Places. Par M. le Maréchal de Vauban.
Avec un Traité pratique des mines, par le même, & un
traité sur la guerre en général, par un Officier de diftinc-
tion. En deux volumes, grand *in-4°.*   36 liv.

——Le même Ouvrage. En deux volumes *in-8°.* Nouv. édit.
corrigée & augmentée. *La Haye.* Avec 41 plan.   12 liv.

Le Traité pratique des mines, &c. en un vol. *in-8°.* se vend
féparément,   5 liv.

Traité de la défenfe des Places ; ouvrage original de M. de
Vauban, qui n'a jamais été imprimé. Avec une table des
matieres très-ample, *in-8°.* avec 9 planches, 1770. 8 liv.

Traité des mines & des contremines, relativement à l'attaque
. & à la défenfe des places, par M. Prudhomme, *in-8°.* avec
figures.   6 liv.

Nouvelle Fortification, par le Baron de Coëhorn ; *in-8°.*
Amsterdam,   7 liv.

Maniere de fortifier, de M. de Vauban, par M. Du Fay,
en 2 vol. *in-8°.* reliés en un. *Lyon.*

Mémoires sur l'attaque & la défenfe d'une Place, par M.
Goulon. Nouvelle édition augmentée, *in-8°.* avec 9 pl.
Amsterdam, 1764.   6 liv.

Traité de la défense des Places par les contremines , avec
des réflexions sur les principes de l'Artillerie, *in-8°.* avec
5 planches, 1768, broché,   5 liv.

Ouvrages de M. BEZOUT, *de l'Acad. Royale des Sciences.*

Cours de Mathématique à l'usage des Gardes du Pavillon &
de la Marine, en 6 vol. *in-8.* avec fig. reliés. 31 liv. 10 f.
Ces six volumes se vendent séparément.

Cours de Mathématique à l'usage du Corps Royal de l'Artillerie, contenant l'Arithmétique , la Géométrie, l'Algebre, l'application de l'algebre à la Géometrie, 2 vol. *in-8.*
grand papier, reliés, 16 liv. *La suite est sous presse.*

Ouvrages du R. P. LAMY, *de l'Oratoire.*

Les Elémens de Géométrie, ou de la mesure de l'étendue,
qui comprennent les Elémens d'Euclide, les plus belles
propositions d'Archimede touchant le cercle, la sphere,
le cylindre & le cône. Septieme édition, augmentée,
in-12. 1758 ,   3 liv.

Elémens de Mathématique, ou Traité de la grandeur en général, contenant l'arithmétique, l'algebre, l'analyse, &c.
in-12.   3 liv.

La Rhétorique, ou l'Art de parler, *in-12.* Nouv. édit.   3 liv.

Entretiens sur les sciences, *in-12. Lyon.*

Ouvrages de M. BOUGUER, *de l'Académie Royale*
des Sciences.

La Figure de la Terre, déterminée par les observations de
MM. Bouguer & de la Condamine, envoyés par ordre du
Roi sous l'équateur ; avec une Relation du voyage fait au
Pérou, & la description de ce pays ; ouvrage pour servir
de suite aux Mémoires de l'Académie de l'année 1745, *in-*
4°. avec 8 planches,   15 liv.

Traité du Navire, de sa construction & de ses mouvemens,
in-4°. avec 12 planches,   15 liv.

Méthode d'observer exactement sur mer la hauteur des astres,
piece qui a remporté le prix en 1729,   2 liv. 5 f.

De la maniere d'observer en mer la déclinaison de la boussole,
piece qui a remporté le prix en 1731,   2 liv. 5 f.

Entretiens sur la cause de l'inclinaison des orbites des planetes, Nouv. édit. augm. *in-4°.* broché,   4 liv. 10 f.

Essai d'Optique sur la gradation de la lumiere, *in-12*
avec 3 planches.   2 liv. 10 f.

MATHÉMATIQUE.

Abrégé du Cours de Mathématique de M. Chrétien Wolf,

contenant l'arithmétique, l'algebre, la géométrie, la trigonométrie, la méchanique, l'hydroſtatique, l'airométrie, l'hydraulique, l'optique, la catoptrique, la diopti-
que, la perſpective, la géographie, la chronologie, la gnomonique, l'aſtronomie, la navigation, la fortification, l'attaque & la défenſe des Places, l'artillerie, les feux d'artifice,
& l'architecture. En 3 vol. *in-8°.* enrichis de 69 planches,
ſous preſſe.   18 liv.

Nouveau cours de Mathématique de M. Belidor. *V.* page 5.

Nouveau cours de Mathématique, contenant les Elémens du
Calcul numérique & algébrique, & les Elémens de Géométrie, à l'uſage de MM. les Cadets Gentilshommes de Sa
Majeſté le Roi de Pologne. Par M. l'Abbé Plaid, en deux
vol. *in-8°.* avec 20 planches,   12 liv.

Le Guide des jeunes Mathématiciens, ou Abrégé des Mathématiques, mis à la portée des commençans : où l'on traite
de l'Arithmétique, de l'Algebre, des Elémens de Géométrie, des Sections coniques, de l'Arithmétique des infinis, &c. avec de nouvelles méthodes pour la pratique du
Jaugeage. Traduit de l'Anglois de Jean Ward, par le R. P.
Pezenas, *in-8°.* avec 16 planches, 1756,   7 liv. 10 ſ.

Dictionnaire Univerſel de Mathématique & de Phyſique,
où l'on traite de l'origine & du progrès de ces ſciences,
avec l'expoſition de leurs principes, l'explication de tous
les termes qui y ont rapport, &c. tiré des Dictionnaires de
Mathématique d'Ozanam, de Wolf, de Stone, &c. Par
M. Savérien, en deux volumes *in-4°.* enrichis de 100
planches,   36 liv.

Application de la Géométrie, & des calculs différentiel & in-
gral à la réſolution de pluſieurs problêmes. Ouvrage pré-
cédé de l'hiſtoire de ces calculs. Par M. Robillard le fils,
in-4°. avec 30 planches,   12 liv.

Recueil des Pieces qui ont remporté le prix de l'Académie
Royale des Sciences depuis leur fondation en 1720, juſ-
ques y compris l'année 1747 ; avec les Pieces qui y ont
concouru. En ſix volumes *in-4°.* avec fig.

Traité Analytique des ſections coniques, fluxions & fluentes,
avec un Traité des quadratures, & un eſſai ſur le mouvement, par M. Muller ; traduit de l'anglois par l'Auteur,
in-4°. avec 18 planches,   15 liv.

Elémens d'Algebre, traduit de l'Anglois de Maclaurin ; par
M. le Cozic, Profeſſeur de Mathématique aux Ecoles de
la Fere : *in-4°.* avec 13 planches,   12 liv.

Elémens de la méthode des fluxions de Maclaurin, traduit
de l'Anglois par le Pere Pezenas, en 2 vol. *in-4°.* avec

30 planches.

Abrégé du Calcul intégral, ou Méthode inverse des Fluxions, où l'on explique les moyens de découvrir les intégrales par les quadratures, à l'usage du Collège Royal, *in-8°*. avec figures, broché, 1765,   3 liv.

Traité des Courbes algébriques, où l'on explique avec netteté les principales affections des courbes de cette espece, considérées en général, *in-12*. avec 2 pl. 1756,   3 liv.

Histoire des recherches sur la Quadrature du Cercle ; avec une Addition concernant les Problèmes de la duplication du cube, & de la trisection de l'angle. Par M. Montucla, *in-12*. avec 2 planches, 1754.   3 liv.

Histoire générale des Mathématiques, où l'on rend compte de leur progrès depuis leur origine jusqu'à présent, où l'on développe les principales découvertes qui y ont été faites, & où l'on rapporte les principaux traits de la vie des Mathématiciens les plus célebres. Par le même Auteur, en deux volumes *in-4°*. avec 15 planches, 1758, 30 liv.

Usages de l'Analyse de Descartes, pour découvrir, sans le secours du calcul différentiel, les propriétés des lignes géométriques, &c. Par M. l'Abbé de Gua, *in-12*. avec 4 planches,   3 liv.

Introduction à l'analyse des lignes courbes algébriques. Par M. Cramer, *in-4°*. avec 33 planches,   18 liv.

Arithmétique.

L'Arithmétique de l'Officier, contenant les principales opérations de cette science, tant sur les entiers que sur les fractions, démontrées & appliquées aux différens besoins de l'Homme de Guerre, Ingénieur, Arpenteur, &c. Par M. Le Blond. *In-8°. broché*, nouv. édit. augment. 4 liv.

Traité d'Arithmétique théori-pratique dans sa plus grande perfection. Par M. Parent, *in-8°*.

L'Arithmétique pratique & raisonnée. Par le Sieur Irson, *in-4°*.

Maniere de tenir les Livres de compte à parties doubles, par débit & crédit, par recette, dépense & reprise. Par le Sieur Irson, *in-folio*.

Algebre.

Elémens d'Algebre de Maclaurin, traduits par M. le Cozic. *in-4°*. avec 13 planches,   12 liv.

Elémens d'Algebre de M. Saunderson, traduits de l'Anglois, & augmentés de remarques par M. de Joncourt. En deux volumes *in-4°*. reliés en un 17 liv. reliés en deux 20 liv.

Elémens de Mathématique. Par le Pere Lamy. *Voyez* p. 11.

Des communes mesures & des quantités littérales ; Ouvrage pour perfectionner l'algebre. Par M. Taneguy le Febvre, *in-8°*. 5 liv.

Application de l'Algebre à la Géométrie, par M. Guisnée, *in-quarto*.

Géométrie.

Géométrie élémentaire & pratique de feu M. Sauveur, de l'Académie royale des Sciences, revue, corrigée & augmentée par M. le Blond, Maître de Mathématique des Enfans de France, *in-4°*. avec 57 planches, 1753, 15 liv.

Les élémens de Géométrie. Par le P. Lamy. *Voyez* page 11.

Leçons élémentaires de calcul & de géométrie, pour servir d'introduction à un Cours de Physique. Par M. l'Abbé Torné, *in-12*. avec fig. *sous presse*.

Traité de Géométrie théorique & pratique, à l'usage des Artistes, par Sebastien Le Clerc, *in-8°*. avec 57 planc. Nouv. édit. augmentée des planches originales, 1764, 8 liv.

Pratique de la Géométrie sur le papier & sur le terrein. Par le même, *in-12*. avec 80 planches, 3 liv. 10 f.

Traité de Géométrie théori-pratique, démontré dans un ordre nouveau. Par M. Parent, *in-8°*. avec 14 pl. 7 liv.

Nouveau Traité du Nivellement par M. le Fevre, Capitaine-Ingénieur au service de Prusse, *in-4°*. avec 7 plan. broché, nouv. édit. 3 liv. 10 f.

La Géométrie de l'Arpenteur, ou la pratique de la Géométrie pour tout ce qui a rapport à l'arpentage, aux plans & aux cartes géographiques. Avec une Introduction à la renovation des Terriers, & une Table Diplomatique. Par M. Doyen, Arpenteur à Chartres, *in-8°*. avec 15 planches, 1769. 7 liv. 10 f.

Méchanique.

Traité élémentaire de méchanique & de dynamique, appliqué principalement aux mouvemens des machines. Par M. l'Abbé Bossut. *In-8°*. avec figures. 6 liv. 10 f.

La nouvelle Méchanique ou Statique, par M. Varignon. En deux volumes *in-4°*. avec 65 planches, 24 liv.

Méchanique générale, &c. Par l'Abbé Deidier. *Voyez* page 6.

Traité du mouvement des eaux & des autres corps fluides. Par M. Mariotte, *in-12*. 3 liv.

Recueil de Machines & d'inventions curieuses, tirées du cabinet de M. Grollier de Serviere ; Ouvrage pour servir de suite aux machines approuvées par l'Académie. Nouvelle édition augmentée, avec plus de 100 planches, *in-4°*. 12 liv.

Traité des forces mouvantes pour la pratique des arts & des

métiers. Par M; de Camus, *in-8°*. avec 8 planches, 7 liv.
Les Echappemens à repos, comparés aux échappemens à
recul. Par M. Jodin, *in-12*. avec 3 planches, 2 liv. 10 f.
Principes de la Montre de M. Hariffon, enrichis des notes
très-curieuses de M. Masklin, Aftronome Royal, un de
ceux qui ont examiné cet Ouvrage, traduit de l'Anglois
par le P. Pezenas, *in-4°*. Fig. 1767.
Théorie de la vis d'Archimede, de laquelle on déduit celle
des Moulins, conçus d'une nouvelle maniere, par M.
Pauçton, *in-12*, avec fig. 1768, broché,   2 liv. 10 f.

Perspective.

Traité de Perfpective-pratique, avec des remarques fur l'architecture. Par M. Courtonne, Architecte du Roi, *in-fol.*
avec figures,   15 liv.
La Perfpective-pratique de l'architecture, contenant une
maniere nouvelle, courte & aifée, pour repréfenter en
perfpective les ordonnances d'architecture & les Places
fortifiées. Par Louis de Bretez, *in-fol.* en 58 planches,
                                                    12 liv.
Traité de Perfpective à l'ufage des Artiftes, où l'on démontre
géométriquement toutes les pratiques de cette fcience,
felon la méthode de M. le Clerc. Par M. Jeaurat, *in-4°*.
enrichi de plus de 100 planches,   15 liv.
Traité de Perfpective théorique & pratique. Par M. l'Abbé
Deidier. *Voyez* page 6.
Nouveaux principes de la Perfpective linéaire. Traduits de
l'Anglois du Docteur *Brook Taylor*, & du Latin de M. *Pa-
trice Murdoch*; avec un Effai fur le mélange des couleurs,
in-8°. avec figures. *Amfterdam*, 1757.   6 liv.
Effai d'Optique, &c. *Voyez* page 11.
Cours complet d'Optique, traduit de l'Anglois de *Robert
Smith*, contenant la théorie, la pratique & les ufages de
cette fcience, avec des additions confidérables relatives aux
nouvelles découvertes qu'on a faites fur cette matiere. En
deux volumes *in-4°*. avec 73 planches; 1767,   30 liv.
Maniere univerfelle de M. Defargues pour pratiquer la Perfpective par petit pied, comme le géométral. Par Abr.
Boffe. *In-8°*. avec 156 planches.
Moyen univerfel de pratiquer la perfpective fur les tableaux
ou furfaces irrégulieres. Par Abraham Boffe. *In-8°*. avec
31 planches.
Leçons de géométrie & de perfpective enfeignées dans l'A-
cadémie Royale de Peinture & Sculpture, par Abraham
Boffe, *in-8°*. avec 67 planches.

Gnomonique.

Horlogiographie, contenant diverses manieres de faire les
Cadrans solaires, &c. Par le Pere de la Magdelaine, *in-8°.*
avec figures. *Paris*,   6 liv.
La maniere universelle de M. Desargues pour poser l'essieu
& placer les heures & autres choses, aux Cadrans au so-
leil. Par Abraham Bosse, *in-8°.* avec 28 planches.

Astronomie.

La Figure de la Terre, &c. Par M. Bouguer. *Voyez* page 11.
Astronomie-Physique, ou principes généraux de la nature,
appliqués au méchanisme astronomique. Par M. de Gama-
ches, de l'Académie des Sciences, *in-4°.* avec 22 pl. 15 liv.
Histoire générale & particuliere de l'Astronomie, où l'on trou-
ve tout ce qui a été découvert dans cette science depuis son
origine jusqu'à présent. En 3 vol. *in-12.* 1755.   9 liv.
Davidis Gregori Astronomiæ Physicæ & Geometricæ elementa.
En 2 vol. *in-4°.* avec 48 planches. *Genevæ*,   24 liv.
Entretiens sur l'inclinaison des Planetes. Par M. Bouguer.
Voyez page 11.
Nouvelles pensées sur le Systême de Descartes. Par M. Jean
Bernoulli, *in-4. broché*,   1 liv. 16 s.

Géographie.

La Géographie rendue aisée, ou Traité méthodique pour ap-
prendre la Géographie, rangé dans un ordre nouveau, pro-
pre à faciliter l'étude de cette science; avec un abregé de la
Sphere. Par M. Leris, *in-8°.* 1753.   6 liv.
Atlas portatif universel, composé d'après les meilleures
cartes, tant gravées que manuscrites, des plus célebres
Géographes & Ingénieurs. Par M. Robert, Géographe du
Roi; *in-4°.* long, en 210 planches. *Paris*.   24 liv.

Navigation.

Voyage & Observations astronomiques, faits par ordre du
Roi en 1768, dans l'Isle Saint Pierre, & sur les côtes d'A-
frique, pour éprouver les montres marines de M. le Roy,
relativement à la détermination des longitudes. Par M.
Cassini le fils, de l'Académie des Sciences, *in-4°.* avec fig.
                                                        12 liv.
Traité du Navire. Par M. Bouguer. *Voyez* page 11.
Elémens de l'Architecture navale, ou Traité pratique de la
construction des vaisseaux. Par M. Duhamel du Monceau,
Inspecteur général de la Marine, &c. *in-4°.* avec 14 pl.
Nouv. édit. augmentée,   16 liv.

Petit Dictionnaire hiftorique, théorique & pratique, de Marine, où l'on traite de la Marine ancienne & moderne, & où l'on donne l'explication de tous les termes de cet Art; avec les méthodes des plus habiles Marins, foit pour la conftruction des vaifleaux, foit pour leurs différentes manœuvres & évolutions navales. Par M. Saverien, en deux volumes *in-8°.* avec 4 planches, 1758. 9 liv.

La Théorie de la manœuvre des vaifleaux, réduite en pratique. Par M. Pitot, de l'Académie des Sciences, *in-4°.* avec 8 planches, 12 liv.

L'Art de mefurer fur mer le fillage du vaifleau, avec une idée de l'état d'armement des vaifleaux de France. Par M. Saverien, *in-8°.* avec 4 planches, 6 liv.

Méthode pour réduire les routes de navigation par les Tables de Loxodromie. Par M. le Mare, Profeffeur d'Hydrographie, *in-8°.* 6 liv.

Méthode d'obferver exactement fur mer la hauteur des aftres. Par M. Bouguer. Brochure *in-4°.* avec fig. 2 liv. 5 f.

De la maniere d'obferver en mer la déclinaifon de la bouffole. Par M. Bouguer. Brochure *in-4°.* avec fig. 2 liv. 5 f.

Voyage autour du monde, fait dans les années 1740, 41, 42, 43 & 1744, par Georges Anfon, Chef d'une Efcadre envoyée par S. M. Britannique dans la Mer du Sud. Avec le Supplément. Ouvrage très-utile pour les Marins; traduit de l'anglois, & enrichi de cartes maritimes & de figures, *in-4°. Amfterdam*, 2 vol. reliés en un, 18 liv.

Le même Ouvrage en quatre volumes, *in-12.* avec figures Nouvelle édition. 1764. 12 liv.

Voyage hiftorique de l'Amérique méridionale, fait par ordre de S. M. Catholique, par Don George Juan & Don Antonio de Ulloa; avec les obfervations aftronomiques faites pour déterminer la figure de la terre, & une hiftoire des Yncas du Perou. En deux volumes *in-4°.* remplis de figures. *Amfterdam*, 1752. 33 liv.

Obfervations critiques & politiques, fur le Commerce maritime; dans lefquelles on difcute quelques points relatifs à l'induftrie & au Commerce des Colonies Françoifes. Brochure *in-12.* 1 liv. 4 fols

Acte du Parlement d'Angleterre, connu fous le nom d'Acte de Navigation, paffé en 1660; traduit littéralement de l'Anglois, avec des notes, brochure *in-12.* 15 fols.

Œuvres de Phyſique de M. Mariotte, en 2 vol. *in-4°*. *La Haye.*

Nouveau Cours de Phyſique expérimentale; traduit de l'Anglois du Docteur Deſaguliers, par le P. Pezenas. En deux volumes *in-4°*. avec 78 planches, 30 liv.

Élémens de Phyſique-Mathématique, ou Introduction à la philoſophie de Newton, par M. s'Graveſande; traduit du latin, par M. Roland de Virloys. En deux volumes *in-8°*. avec 50 planches, 14 liv.

——Le même, en deux volumes *in-4°. Leyde.*

Le Microſcope rendu d'un uſage facile, & mis à la portée de tout le monde. Ouvrage traduit de l'anglois de Henri Backer, *in-8°*. avec 14 planches, 1754. 6 liv.

Obſervations curieuſes ſur toutes les parties de la Phyſique, extraites & recueillies des meilleurs Mémoires & Journaux, & des Voyageurs les plus célébres, en 4 vol. *in-12*, nouv. édit. augmentée d'un volume, 1771. 12 liv.

Le tome IV ſe vend ſéparément pour la commodité des perſonnes qui ont les trois premiers volumes de cet ouvrage : les tomes V & VI ſeront bientôt ſous preſſe.

Lettres ſur la Coſmographie. Par M. l'Abbé de Brancas, *in-4°. Avignon.* Broché, 7 liv.

Syſtême moderne de Coſmographie & de Phyſique. Par M. l'Abbé de Brancas, *in-4°*. broché, 4 liv. 10 ſ.

Nouvelle explication du flux & reflux de la mer, ſuivant le ſyſtême moderne de phyſique. Par M. l'Abbé de Brancas, *in-4°*. 12 liv.

Obſervations mathématiques, aſtronomiques & géographiques, faites à la Chine par le R. P. Soucier, Jéſuite. En trois volumes *in-4°*.

Traité des petits Tourbillons de la matiere ſubtile, pour ſervir d'introduction à une nouvelle Phyſique. Par le P. Maziere, *in-4°*. Broché, 1 liv 16 ſ.

Principes du Syſtême des petits Tourbillons, appliqués aux phénomenes les plus généraux, avec une Diſſertation de l'Abbé de Moliere ſur les forces centrifuges. Par M. l'Abbé de Launay, *in-12*. 1745. 1 liv. 10 ſ.

Diſcours ſur les loix de la communication du mouvement. Par M. Jean Bernoulli. Broch. *in-4°*. avec fig. 1726. 3 liv.

Nouveau Syſtême du mouvement. Par M. de Gamaches, *in-12*. 3 liv.

De cauſa gravitatis phyſica generali, Auctore Balfinger, in-4°. fig. 1728. 1 liv. 16 ſ.

Eſſai philoſophique ſur le Méchaniſme de l'Univers, par M. de Lanſac, *in-12*, 1771, broché, 2 liv.

Philosophie.

Elémens de la Philosophie Newtonienne ; où l'on traite du
mouvement des corps en général , de leur force & de leur
réfiftance ; du fyftême du monde, & du mouvement des
planetes ; des couleurs & de la lumiere ; des verres opti-
ques , télefcopes , microfcopes , &c. Par le Docteur Pem-
berton : traduit de l'anglois, *in-8°.* avec figures. *Amfterdam,* 1755.   7 liv. 10 f.

Effai Philofophique fur l'entendement humain ; par M.
Leibnitz. *Amfterdam,* 1765.   14 liv.

Effai fur l'entendement humain. Par M. Locke, *in-4°. Amft.*

Elémens de la Philofophie moderne, qui contiennent la pneu-
matique, la métaphyfique, la phyfique expérimentale , &
le fyftême du monde, fuivant les nouvelles découvertes.
Par M. Maffuet. En 2 vol. *in-11. Amft.* 1752.   7 liv.

De la *Science* qui eft en Dieu. Ouvrage métaphyfique ; avec
une Lettre & une Differtation de M. de Croufaz, *in-12.*
                                             2 liv. 10 f.

Ciceron, de la Nature des Dieux ; traduit par M. l'Abbé le
Maffon, latin & françois. En trois volumes *in-12.*

Difcours philofophiques de Maxime de Tyr, traduits du grec,
par M. Formey, *in 12,* 1764, *Leyde.*   3 liv. 10 f.

Lettres au Prince Royal de Suede. Par M. le Comte de Teffin,
Miniftre-d'Etat, & Gouverneur de ce jeune Prince ; traduites du Snédois. En deux vol. *in-11.*   5 liv.

Traité des Senfations, où l'on prouve que toutes nos con-
noiffances & toutes nos facultés viennent des fens. Par M.
l'Abbé de Condillac, en 2 vol. *in-11,* 1754.   5 liv.

Traité des animaux, où l'on entreprend d'expliquer leurs
principales facultés, avec des obfervations critiques fur le
fentiment de Defcartes, & fur celui de M. de Buffon. Par
le même Auteur, *in-11,* 1766.   2 liv. 10 f.

Traité des Syftêmes , où l'on en démêle les inconvéniens &
les avantages, par le même Auteur, *in-12, Amft.* 1771. 3 l.

Médecine , Anatomie & Hiftoire Naturelle..

Les Clefs de la Philofophie Spagirique. Par M. le Breton ,
in-16.   2 liv.

Principes de Phyfique rapportés à la Médecine pratique , avec
le Traité des métaux & des minéraux, & des remedes qu'on
en peut tirer. Par M. Chambon , Médecin du Roi de Pologne. En deux volumes *in-11.* Nouvelle édition ,   6 liv.

Pratiques & Obfervations de Médecine, par Lazare Riviere,
3 vol. *in-8°.*

Œuvres anatomiques de M. Duverney, de l'Académie
Royale des Sciences, 2 vol. *in-4°.* avec 30 planch. 30 liv.

Traité des Abeilles, où l'on voit la maniere de les élever, de
les gouverner & de les conserver, pour en tirer du profit,
in-16.   1 liv. 10 f.

Le Gentilhomme Maréchal, où l'on a rassemblé tout ce que
les Auteurs les plus renommés ont écrit de plus utile pour
la conservation des chevaux : on y traite fort au long de
la maniere de les châtrer, & d'une nouvelle machine in-
ventée en Angleterre, pour leur couper la queue, &c. tiré
de l'Anglois de Jean Bartlet, Chirurgien. Avec la suite du
même Ouvrage, & un Dictionnaire des termes de maré-
challerie & de manege. En deux vol. *in-12*, avec fig. 6 liv.

Dictionnaires.

Dictionnaire des Arts & des Sciences, connu sous le nom de
Dictionnaire de l'Académie. En 2 vol. *in-folio*,   40 liv.

Dictionnaire universel des sciences Ecclésiastiques, contenant
l'histoire générale de la religion, de son établissement &
de ses dogmes ; de la discipline de l'Eglise, de ses Rits,
de ses Cérémonies, & de ses Sacremens. La Théologie
dogmatique & morale, spéculative & pratique, avec la
décision des cas de conscience. Le Droit Canonique, sa
jurisprudence & ses loix, la jurisdiction volontaire & con-
tentieuse, & les matieres bénéficiales. L'histoire des Pa-
triarches, des Prophetes, des Rois, des Saints, &c. avec
des Sermons abrégés des plus célebres Orateurs chrétiens,
tant sur la morale que sur les mysteres & les panégyriques
des Saints. Par le R. P. Richard : Avec un Supplément ;
en six vol. *in-folio*,   168 liv.

———— Le Supplément, ou tome sixieme, se vend séparément   18 liv.

Dictionnaire universel de Mathématique & de Physique, &c.
Voyez page 12.

Dictionnaire portatif de l'Ingénieur. *Voyez* à la page 5.

Novitius, ou Dictionnaire universel latin-françois. En deux
vol. *in-4°*. grand papier, nouv. édit. augmentée,   18 liv.

Dictionnaire portatif des Théatres, contenant l'origine &
l'histoire des différens Théatres de Paris, avec l'exposé de
toutes les pieces représentées ou imprimées ; le nom & la
vie des Auteurs, Acteurs, &c. *in-8°*. 1763. Nouvelle édit.
considérablement augmentée.   6 liv.

Dictionnaire Espagnol & François, traduit de l'Espagnol,
composé d'après le grand Dictionnaire de l'Académie de
Madrid ; par M. de Séjournant, Interprete du Roi. En deux
volumes *in-4°*.   33 liv.

Dictionnaire Anglois & François. Par *Boyer*, en 2 vol. *in-4°*.

Petit Dictionnaire portatif de la Marine. *Voyez* page 17.

Dictionnaire historique & critique. Par *Bayle.* En 4 volumes *in-folio. Amsterdam.*

Dictionnaire de la langue françoise. Par Pierre Richelet. En 3 vol. *in folio, Lyon.*

Dictionnaire du Manege, *in-4°.*

Dictionnaire abrégé de Physique. Par Paulian, *in-8°.*

Arts & Sciences.

L'Art de tourner en perfection, ou de faire toutes sortes d'Ouvrages au Tour. Par le R. P. Plumier, Minime. Nouvelle édit. augmentée, *in-fol.* avec 80 planch. 1749, 27 l.

L'Art de la Verrerie, où l'on apprend à préparer le verre, le cryftal, l'émail, à contrefaire les pierres précieufes, &c, derniere édition augmentée. Par Haudicquer de Blancourt. En deux volumes *in-12.* avec 8 planches. *Sous preffe.*

Le Teinturier parfait, deux vol. *in-12.*

Le nouveau Teinturier parfait, pour fervir de Supplément à l'ancien, en 2 vol. *in-12.*

Le Verniffeur parfait, ou manuel du Verniffeur, *in-12. Sous preffe,*

L'Art de faire l'Indienne à la maniere d'Angleterre, & de compofer toutes fortes de couleurs liquides, tant pour la miniature, que pour péindre fur les étoffes, &c. par M. de Lormois, *in-12*, broché. 1 liv. 16 f.

Méthode pour laver & fondre avec économie les mines de fer, relativement à leurs différentes efpeces. Par M. Robert. *Brochure in-12.* avec fig. 1757. 1 liv. 4 f.

L'Art de la Cavalerie, ou la maniere de devenir bon Ecuyer, & de dreffer les chevaux pour le manege, la guerre, la chaffe, l'attelage, &c, avec des remarques curieufes fur les harras, l'explication des pieces qui compofent l'équipage d'un cheval, &c. Par M. Gafpard de Saunier, *in-fol.* enrichi de beaucoup de figures. *La Haye,* 1756. 20 liv.

L'Anti-maquignonage, pour n'être point trompé dans l'achat des chevaux. Par le Baron d'Eyfemberg, *in-4°.* oblong.

Méthode pour apprendre le Blafon : par le Pere *Meneftrier*, *in-12. Lyon.*

Traité hiftorique & moral du blafon. Ouvrage rempli de recherches curieufes & inftructives fur l'origine & les progrès de cet Art. En deux volumes *in-12.* 5 liv.

Regles de la Poéfie françoife. Par M. de Chalons, *in-8°.* 2 liv. 10 f.

Traité du Jaugeage, réduit à une méthode courte & facile & à des principes géométriques, *in-12.* avec 2 planc. 2 liv.

Recueil de Chanfons du vénérable ordre de la M... nouv. édit. augmentée de plufieurs Chanfons fur des airs de *Noels.*

[22]

Par le Fr. *Timebor*, avec les airs notés : le tout en 94
planches gravées, *in*-12.   3 liv. 12 f.

Art du Deſſein, Peinture, &c.

*Méthode pour apprendre le Deſſein, où l'on donne des regles
générales pour s'y perfectionner, & les proportions du
corps humain, d'après les Antiques ; le tout accompagné
de quantité d'études & de figures académiques, deſſinées
d'après nature par M. Cochin, & autres Maîtres, *in*-4°.
grand papier, enrichi de cent planches. Nouvelle édition,
1756.   18 liv.

Voyage d'Italie, ou Recueil de notes ſur les morceaux d'Architecture, & ſur les ouvrages de Peinture & de Sculpture,
qu'on voit dans les principales villes d'Italie. Par M. Cochin, Secretaire de l'Académie royale de Peinture & de
Sculpture, &c. En trois volumes *in*-8°.   9 liv.

Recueil de quelques Pieces concernant les Arts, & particu-
lierement ſur l'Architecture, la Peinture & la Sculpture ;
avec une Diſſertation ſur l'effet de la lumiere dans les ombres, relativement à la Peinture. Par M. Cochin, *in*-12.
1757.   2 liv. 10 f.

Obſervations ſur les antiquités d'*Herculanum*, avec une Diſſertation ſur les morceaux de Peinture & de Sculpture trou-
vés dans cette Ville ſouterreine, & la Deſcription de quelques Antiquités qui ſe voyent aux environs de Naples.
Par MM. Cochin & Bellicard : ſeconde édition, *in*-12.
avec 41 planches,   3 liv. 10 f.

Dictionnaire portatif de Peinture, Sculpture & *Gravure*, par
Don Antoine Joſeph Pernetty, *in*.8. *Paris*, 1757.

L'Etat des Arts en Angleterre. Par M. Rouquet ; Peintre en
émail, *in*-12.   3 liv.

Les Myſotechnites aux Enfers, ou Examen critique des Obſervations de M. D. L. G. ſur les Arts, *in*-12. ornée de
vignettes allégoriques, 1763, *broché*,   1 liv. 16 f.

Projet d'une Salle de Spectacle pour un théâtre de Comédie,
enrichi de 6 pl. gravées avec ſoin, *in*-12. *broché*, 2 l. 8 f.

Expoſition des principes qu'on doit ſuivre dans la conſtruc-
tion des théâtres modernes, brochure *in*-12.   1 liv. 10 f.

Abrégé d'Anatomie à l'uſage des Peintres. Par Tortebat, *in*-
fol. avec 10 planc. Nouv. édit. 1765, *broché*,   3 liv. 12 f.

Œuvres diverſes de M. de Piles ſur la Peinture, en cinq volumes *in*-12. contenant les Traités ſuivans :

1°. Cours de Peinture par principes. Par M. de Piles, *in*-12.
avec fig. *Amſterdam*, 1766,   3 liv. 10 f.

2°. Abrégé de la vie des Peintres anciens & modernes, par
M. de Piles, *in*-12. *Amſterdam*, 1766,   3 liv. 10 f.

3°. Elémens de Peinture pratique, par M. de Piles. Nouv.
édit. augmentée, *in*-12. 1766,   3 liv. 10 f.

4°. L'Art de Peinture. Par Alphonse du Frenoy. Traduit &
augmenté de remarques. Par M. de Piles, *in*-12. Nouv.
édit. augmentée d'un Dictionnaire des termes,   3 liv.

5°. Recueil de divers ouvrages de M. de Piles ; contenant ses
Conversations sur la Peinture, ses Dissertations sur les
Ouvrages des plus fameux Peintres, & le Dialogue sur le
coloris, &c. *in*-12. nouv. édit. 1755.   3 liv.

Le Peintre converti aux précises & universelles regles de
son art ; par Abraham Bosse, *in*-8°.

Les Regles du Dessein & du Lavis pour les plans, profils &
élevations de l'Architecture militaire & civile, & pour les
Cartes des environs d'une Place. Par M. Buchotte, Ingénieur du Roi. Nouvelle édition, augmentée, *in*-8°. avec
2 ½ planches,   6 liv.

La Science des Ombres par rapport au Dessein. Avec le Des-
sinateur au cabinet & à l'armée. Par M. Dupain, l'aîné,
in-8°. avec 18 planches.   6 liv.

Art de lever les Plans de tout ce qui a rapport à la Guerre &
à l'Architecture civile & champêtre. Par le même Auteur,
in-8°. avec 5 grandes planches,   6 liv.

Traité de la maniere de graver à l'eau forte & au burin, & de
la gravure en maniere noire, avec la façon de construire les
presses & d'imprimer les planches en taille douce. Nouv.
édition, augmentée, *in*-8°. avec 21 planches, 7 liv. 10 f.

Recueil des Pierres gravées du Cabinet du Roi, dessinées par
Edmé Bouchardon, & gravées par les plus habiles Maîtres ; avec un Traité de la gravure en pierres fines. Par M.
Pierre-Jean Mariette. En 2 vol. *in-fol.* Paris, avec 250
planches,   80 liv.

Recueil de Charges ou de Têtes de caractere, dessinées par
Léonard de Vinci, *in*-4°. avec plus de 60 planches. Nouvelle édition, 1767,   15 liv.

Recueil d'Emblêmes, Devises, Médailles & Chiffres pour
tous les noms imaginables. Par Verrien, *in*-8°. avec 140
planches,   6 liv.

Recueil d'Estampes représentant les tourmens qu'on faisoit
souffrir aux premiers Chrétiens durant les persécutions. En
quarante-cinq planches gravées par Antoine Tempeste,
in-4°. Broché,   3 liv.

Les Comédies de Térence, traduction nouvelle avec le latin
à côté, & des notes historiques, critiques & grammatica-
les, corrigées à l'usage des Colléges, par M. l'Abbé le
Monnier, 3 vol. petit *in*-8. reliés en basanne 9 liv. 12 f.

— *Les mêmes nouv. reliés, 3 vol. rel. m^r. Rel. en veau* — 12.

——Les mêmes, très-belle édition complette, ornée de sept
estampes gravées d'après les desseins de M. Cochin, 3 vol.
in 8. papier double, 1771. Broché, 24 liv.

——Le même auteur travaille actuellement à une traduction
de Perse, & autres Auteurs latins.

L'Alcoran de Mahomet, traduit par du Ryer, nouv. édit.
augmentée d'observations traduites de l'Anglois, 2 vol.
in-12, 1767. 6 liv.

LIVRES D'ASSORTIMENT.

Le Bombardier François, par M. de Belidor, *in*-4. Fig.
——Abrégé du même Ouvrage, *in*-12.
Nouveaux Plans de fortification, par Landsberghen, *in-fol.*
Histoire Militaire du Prince Eugene de Savoye. En 3 vol.
in-fol. grand papier. Avec de très-belles estampes.
——Le même, en 5 vol. *in*-12.
Œuvres de mathématique du P. Pardies, *in*-12. 3 parties.
Abrégé des élémens de mathématique, par Rivard, *in*-8°.
La Science du Calcul, du Pere Reyneau, *in*-4. 2 vol.
Analise démontrée; par le même. En 2 vol. *in*-4.
Christiani Wolfii Mathefeos universa elementa. En 5 vol. *in*-4.
Genève.
——*Mathefeos compendium.* En 2 vol. *in*-8.
Joannis Bernoulli opera omnia, in-4. 4 vol. Geneve.
——*Commercium epistolicum.* En 2 vol. *in*-4.
Jacobi Bernoulli opera omnia. En 2 vol. in-4.
Christiani Hugenii opera varia, in-4. 2 vol. *Leyde.*
——*Ejusdem opera reliqua & posthuma*, En 2 vol. *in*-4. *Amst.*
Euleri analysis infinitorum. En 2 vol in-4.
——*Methodus inveniendi lineas tertii ordinis.* in-4.
Traité analytique des sections coniques. Par le Marquis de
l'Hopital, *in*-4.
Traité des sections coniques; par Gallimard, *in*-8.
Traité d'Arithmétique. Par le Gendre, *in*-12.
Elémens de Géométrie; par Clairaut, *in*-8.
Traité de Trigonométrie; par Audierne, *in*-8.
Tarif des bois quarrés, *in*-12.
Elémens d'algebre; par Clairaut, *in*-8.
Danielis Bernoulli hydrodynamica, in-4. *Strasbourg.*
Effets de la force & de la contiguité des corps; par le Pere
Cherubin d'Orléans, *in*-12.
Traité du point de vue; par Seb. Leclerc, *in*-12.
Petit Atlas portatif, *in*-4. long. *Amsterdam.*
Tables Astronomiques; par M. de la Hire, *in*-4. *Paris.*

Aſtronomie nautique de M. de Maupertuis, *in-8.*

Eſſais de Phyſique ; par Muſſchenbroeck. En 2 vol. *in-4.*
 Leyde.

Compendium phyſices experimentalis ; par le même, *in-8.*

Expériences de phyſique ; par Poliniere, *in-12.* 2 vol.

Le ſpectacle du feu ; par Rabiqueau, *in-8. Paris.*

Traité de la lumiere ; par M. Huyghens, *in-4.*

Voyage au monde de Deſcartes ; par le Pere Daniel, *in-12.*
 2 vol.

Inſtitutions philoſophiques ; par Leibnitz, *in-4.*

Recueil de pieces ſur les différends entre MM. Leibnitz,
 Newton, &c. *in-12.* 2 vol.

Introduction à la Philoſophie ; par s'Graveſande, *in-8.*

Pſicologie ou Traité de l'ame, par Wolf, *in-12.*

Cours abrégé de la Philoſophie Wolfienne. En 3 vol. *in-12.*

Iſaaci Newton, Philoſophiæ naturalis principia mathematica.
 Par le Seur & Jacquier. En 3 vol. *in-4. Geneve.*

Iſaaci Newton opuſcula mathematica & philoſophica. En 3
 vol. *in-4.*

Œuvres philoſophiques de M. de Maupertuis. En 2 vol. *in-12.*

Diſcours philoſophiques de M. Formey, *in-8.*

Logique. Par M. Crouſaz. En 6 vol. *in-12.*

Appel au Public. Par M. Kœnig, *in-8. Leyde.*

Tableau des maladies de Lommius, traduit par M. le Breton,
 in-12.

Friderici Hofmanni conſultationes & reſponſa medicinalia ;
 in-4. 2 vol. *Leipſick.*

Vaillant Botanicon Pariſienſe, in-folio. Leyde.

Marci Mappi hiſtoria plantarum Alſaticarum, in-4. Strasb.

Muntingii Phitographia curioſa, in-folio. Amſterdam.

La parfaite connoiſſance des chevaux. Par Saulnier, *in-folio.*

Recherches ſur le Briquetage de Marſal, *in-8.*

Recueil d'Auteurs claſſiques latins. En 20 vol. *in-24. Lond.*

P. Virgilii Maronis opera, auctore Minellio, in-12. Wetſteins.

Q. Horatii flacci carminum, auct. Minellio, in-12. *Wetſteins.*

Le Poſtulant de la langue latine, *in-8.*

Bibliotheque raiſonnée des Sçavans de l'Europe. En 50 vol.
 in-8. Wetſteins.

Science des perſonnes de Cour & d'Épée. En 18 vol. *in-12.*
 Amſterdam.

Le Spectateur Anglois. En 6 vol. *in-12. Amſterdam.*

Œuvres de Pope, en Anglois, & en François. En 6 vol. *in-12.*

Lettres choiſies de M. Tiſſot de Patot, *in-12.* 2 vol. *La Haye.*

Lettres & négociations de M. le Marquis de Feuquieres. En
 3 vol. *in-12. Paris.*

Les Loix naturelles. Par Cumberland. En 2 vol. *in-4.*

Traité du Droit public. Par M. l'Abbé de Mably. En 3 vol. *in-12.*

Traité du Droit des Evêques sur les réguliers, *in-12.*

Instructions pour dresser les procédures des procès civils, conformément à l'Ordonnance. Par Ricart, *in-12.*

L'Espion Turc dans les principales Cours de l'Europe. En 7 vol. *in-12.*

Histoire universelle par une société de Gens de Lettres. Complette. En 32 vol. *in-4°. Amsterdam.*

Abrégé de l'Histoire Universelle. Par M. de Voltaire. En 8 volumes *in-8. Amsterdam.*

Abrégé chronologique de l'Histoire d'Angleterre, traduit de l'Anglois de M. Salmon. En 2 vol. *in-8.*

Histoire des révolutions de Perse. Par M. de Clairac. En 3 vol. *in 12. Paris.*

Histoire du regne de Louis XIV. Par M. Reboullé. En 3 vol. *in-4. Avignon.*

Histoire de Charles XII, Roi de Suede. Par Norbert. En 4 vol. *in-4 & in-12.*

Histoire de Gustave Adolphe. En 4 vol. *in-12.*

Histoire d'Erasme, avec la Critique de son Apologie, *in-12.*

La vie du Vénérable Frere Fiacre, Augustin Déchaussé, *in-12.*

Histoire du Calendrier Romain. Par Blondel, *in-4.*

Histoire de la Fr. maçonnerie. En 2 vol. *in-12. On vend les chanfons à part, avec les airs notés.*

Voyage d'Italie. Par Misson, en 3 vol. *in-12.* avec figures.

Galerie agréable du monde, mise au jour par Vander Aa. En 66 vol. *in-folio. Amsterdam.*

Les Loix des Bâtimens suivant la Coutume de Paris, par M. Desgodets. Mis au jour par M. Goupy, *in-8. Paris,* 1768.

Toisé général du bâtiment d'après M. Desgodets. Par M. Ginet, *in-8. Paris.*

Architecture pratique. Par M. Bullet. Derniere édition, augmentée confidérablement, *in 8. Paris,* 1768.

Dictionnaire de Marine. *In-4°.* avec beaucoup de fig. *Amst.*

Commentaires de Matthiole sur Diofcoride. 1 vol. *Lyon.*